Viel Freude
mit den schönsten Weihnachtsliedern,
wünscht Dir
das Klavierkonzept

Inhalt

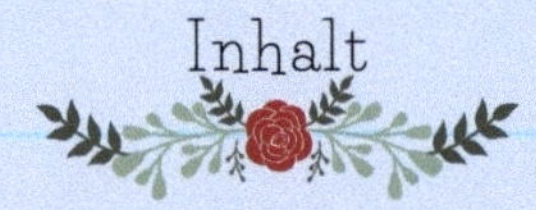

Anmerkung zur Akkordnotation:

In diesem Notenbuch wird die deutsche Akkordbezeichnung verwendet.
Das bedeutet, dass Akkorde wie folgt notiert werden:
- H entspricht dem internationalen B.
- B entspricht dem internationalen Bb.

© 2024 Klavierkonzept

Verlag: BoD · Books on Demand GmbH,
In de Tarpen 42, 22848 Norderstedt, bod@bod.de
Druck: Libri Plureos GmbH, Friedensallee 273,
22763 Hamburg
ISBN: 978-3-7693-1990-3

Stille Nacht, heilige Nacht 

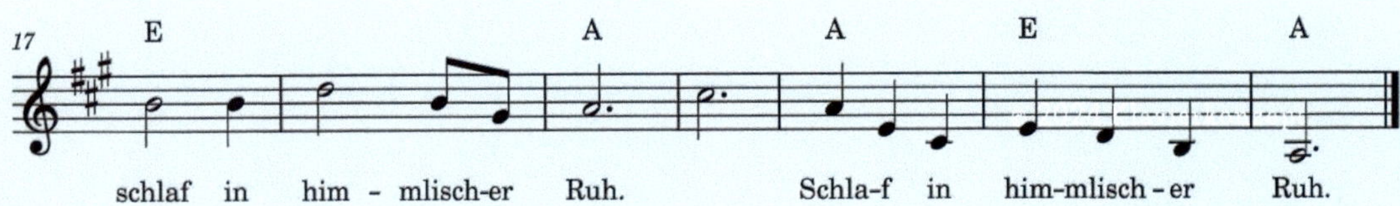

Stille Nacht, heilige Nacht!
Alles schläft, einsam wacht
Nur das traute hochheilige Paar.
Holder Knabe im lockigen Haar,
Schlaf in himmlischer Ruh,
Schlaf in himmlischer Ruh.

2. Stille Nacht, heilige Nacht!
Hirten erst kundgemacht
Durch der Engel Halleluja,
Tönt es laut von fern und nah:
Christus, der Retter, ist da!
Christus, der Retter ist da!

3. Stille Nacht, heilige Nacht!
Gottes Sohn, o wie lacht
Lieb aus deinem göttlichen Mund,
Da uns schlägt die rettende Stund'.
Christ, in deiner Geburt!
Christ, in deiner Geburt!

Lasst uns froh und munter sein

Lasst uns froh und munter sein
Und uns recht von Herzen freu'n.
Lustig, lustig, tralalalala,
Bald ist Niklausabend da,
Bald ist Niklausabend da!

2. Bald ist uns're Schule aus,
Dann zieh'n wir vergnügt nach Haus.
Lustig, lustig, tralalalala,
Bald ist Niklausabend da,
Bald ist Niklausabend da!

3. Dann stell ich den Teller auf,
Niklaus legt gewiß was drauf,
Lustig, lustig, tralalalala,
Bald ist Niklausabend da,
Bald ist Niklausabend da!

4. Steht der Teller auf dem Tisch,
Sing ich nochmals froh und frisch:
Lustig, lustig, tralalalala,
Bald ist Niklausabend da,
Bald ist Niklausabend da!

5. Wenn ich schlaf, dann träume ich:
Jetzt bringt Niklaus was für mich.
Lustig, lustig, tralalalala,
Bald ist Niklausabend da,
Bald ist Niklausabend da!

6. Wenn ich aufgestanden bin,
Lauf ich schnell zum Teller hin.
Lustig, lustig, tralalalala,
Bald ist Niklausabend da,
Bald ist Niklausabend da!

7. Niklaus ist ein guter Mann,
Dem man nicht g'nug danken kann.
Lustig, lustig, tralalalala,
Bald ist Niklausabend da,
Bald ist Niklausabend da!

O Tannenbaum du trägst ein' grünen Zweig

O Tannenbaum, O Tannenbaum
Du trägst ein' grünen Zweig
Den Winter, den Sommer,
das dau'rt die liebe Zeit

2. Warum sollt' ich nicht grünen,
   wenn ich noch grünen kann?
Ich hab' nicht Mutter noch Vater,
   der mich versorgen kann.

3. Und der mich kann versorgen,
   das ist der Erde Schoß,
der lässt mich wachsen und grünen,
   drum bin ich stark und groß.

Leise rieselt der Schnee

Leise rieselt der Schnee.
Still und starr liegt der See.
Weihnachtlich glänzet der Wald
Freue dich, Weihnacht kommt bald!

2. In den Herzen wird's warm,
still schweigt Kummer und Harm,
Sorge des Lebens verhallt:
Freue dich, Weihnacht kommt bald!

3. Bald ist Heilige Nacht,
Chor der Engel erwacht,
hört nur, wie lieblich es schallt:
Freue dich, Weihnacht kommt bald!

O du fröhliche

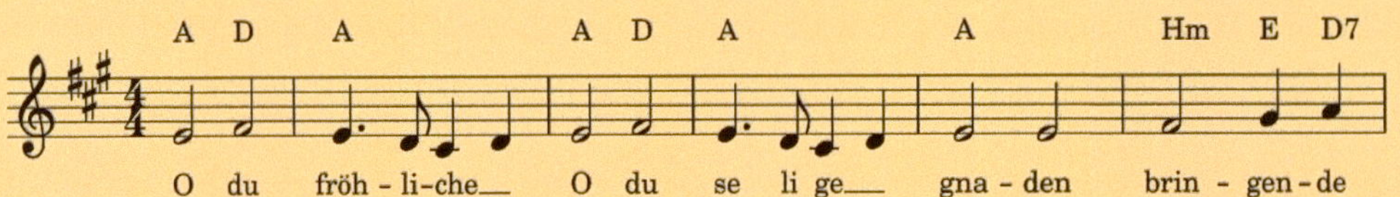

O du fröhliche,
o du selige,
gnadenbringende Weihnachtszeit!
Welt ging verloren,
Christ ist geboren:
Freue, freue dich, o Christenheit!

2. O du fröhliche,
o du selige,
gnadenbringende Weihnachtszeit!
Christ ist erschienen,
uns zu versühnen:
Freue, freue dich, o Christenheit!

3. O du fröhliche,
o du selige,
gnadenbringende Weihnachtszeit!
Himmlische Heere
jauchzen Dir Ehre:
Freue, freue dich, o Christenheit!

O Tannenbaum

O Tannenbaum, o Tannenbaum!
Wie treu sind deine Blätter;
du grünst nicht nur zur Sommerzeit,
nein, auch im Winter, wenn es schneit.
O Tannenbaum, o Tannenbaum,
wie treu sind deine Blätter.

2. O Tannenbaum, o Tannenbaum,
du kannst mir sehr gefallen;
wie oft hat nicht zur Weihnachtszeit
ein Baum von dir mich hoch erfreut.
O Tannenbaum, o Tannenbaum,
du kannst mir sehr gefallen.

3. O Tannenbaum, o Tannenbaum,
dein Kleid will mir was lehren:
die Hoffnung und Beständigkeit
gibt Trost und Kraft zu jeder Zeit!
O Tannenbaum, o Tannenbaum,
dein Kleid will mir was lehren.

Schneeflöckchen, Weißröckchen

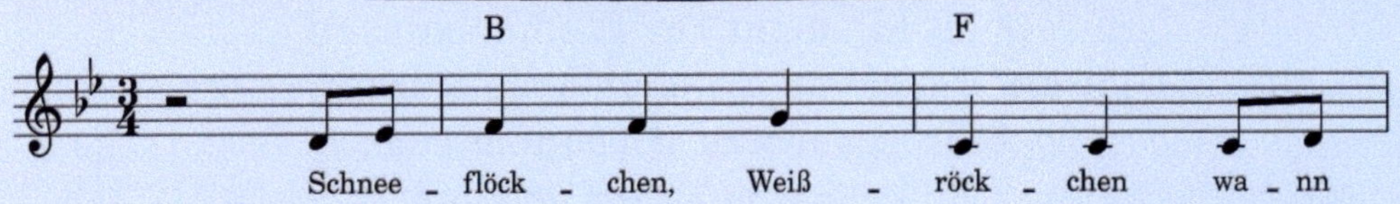

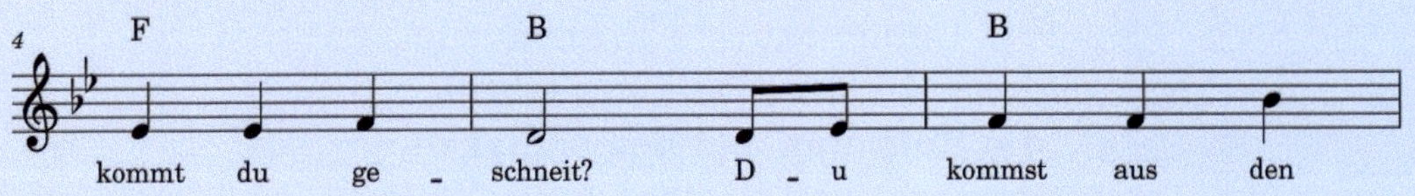

Schneeflöckchen, Weißröckchen,
wann kommst du geschneit?
Du kommst aus den Wolken,
dein Weg ist so weit.

2. Komm setz' dich ans Fenster,
du lieblicher Stern,
malst Blumen und Blätter,
wir haben dich gern.

3. Schneeflöckchen, du deckst uns
die Blümelein zu
dann schlafen sie sicher
in himmlischer Ruh'.

4. Schneeflöckchen, Weißröckchen
komm zu uns ins Tal!
Dann bau'n wir den Schneemann
und werfen den Ball.

Am Weihnachtsbaum die Lichter brennen

© 2024 Klavierkonzept

Am Weihnachtsbaume die Lichter brennen,
wie glänzt er festlich, lieb und mild.
Als spräch' er: wollt in mir erkennen,
getreuer Hoffnung, stilles Bild.

2. Die Kinder steh'n mit hellen Blicken,
das Auge lacht, es lacht das Herz;
O fröhlich', seliges Entzücken!
Die Alten schauen himmelwärts.

3. Zwei Engel sind hereingetreten,
kein Auge hat sie kommen seh'n.
Sie geh'n zum Weihnachtstisch und beten,
und wenden wieder sich und geh'n:

4. "Gesegnet seid ihr alten Leute,
gesegnet sei du kleine Schaar!
Wir bringen Gottes Segen heute
dem braunen, wie dem weißen Haar.

5. Zu guten Menschen, die sich lieben,
schickt uns der Herr als Boten aus,
und seid Ihr treu und fromm geblieben,
wir treten wieder in dies Haus!" –

6. Kein Ohr hat ihren Spruch vernommen,
unsichtbar jedes Menschen Blick,
sind sie gegangen, wie gekommen,
doch Gottes Segen blieb zurück!

Morgen Kinder, wird's was geben

Morgen Kinder, wird's was geben
Morgen werden wir uns freu'n
Welch ein Jubel, welch ein Leben
Wird in unserm Hause sein
Einmal werden wir noch wach
Heißa dann ist Weihnachtstag

2. Wie wird dann die Stube glänzen
Von der großen Lichterzahl
Schöner als bei frohen Tänzen
Im geputzten Kronensaal
Wisst ihr noch vom vorigen Jahr
Wie's am Weihnachtsabend war

3. Welch ein schöner Tag ist Morgen
Neue Freude hoffen wir
Unsre guten Eltern sorgen
Lange, lange schon dafür
Oh gewiss wer sie nicht ehrt
Ist der ganzen Lust nicht wert

Wichtelweihnacht

Lampen aus, es schlafen alle Leute,
alle Leute.
Still im Hause, Weihnachten ist heute,
Weihnacht heute.
Tipp, tapp, tipp, tapp, tippe-tippe-tipp, tapp,
tipp, tipp, tapp.

2. Wichtelmännchen kommen auf den Zehen,
auf den Zehen,
horchen, spähen, keiner darf sie sehen,
darf sie sehen!
Tipp, tapp, tipp, tapp, tippe-tippe-tipp, tapp,
tipp, tipp, tapp.

3. Durch das Fenster sehn die Wichtelmännchen,
Wichtelmännchen
Weihnachtsessen, Schüsseln, viele Kännchen,
viele Kännchen.
Tipp, tapp, tipp, tapp, tippe-tippe-tipp, tapp,
tipp, tipp, tapp.

4. Auf die Tische klettern sie zum Schinken,
rauf zum Schinken,
Äpfel, Reis und Leckeres zu trinken,
auch zu trinken!
Tipp, tapp, tipp, tapp, tippe-tippe-tipp, tapp,
tipp, tipp, tapp.

5. Alle Wichtel geben sich Geschenke,
sich Geschenke.
Flüstern hört man: Bitteschön! Ich danke!
Bitte! Danke!
Tipp, tapp, tipp, tapp, tippe-tippe-tipp, tapp,
tipp, tipp, tapp.

6. Dann zum Spielen! Bis zum Morgengrauen,
Morgengrauen.
Müde sind die Wichtel anzuschauen,
anzuschauen.
Tipp, tapp, tipp, tapp, tippe-tippe-tipp, tapp,
tipp, tipp, tapp.

7. Wichtelmännchen schleichen um die Ecke,
um die Ecke.
Vorsicht! Auf den Zeh'n in die Verstecke,
die Verstecke!
Tipp, tapp, tipp, tapp, tippe-tippe-tipp, tapp,
tipp, tipp, tapp.

Frohe
Weihnachten